एक तुम्हारी दस्तक से

गीत-संग्रह

डॉ. विष्णु सक्सेना

अंजुमन प्रकाशन

अंजुमन प्रकासन

942, मुठ्ठीगंज, प्रयागराज-3 उत्तर प्रदेश, भारत

www.anjumanpublication.com

contact@anjumanpublication.com

प्रथम संस्करण अंजुमन प्रकासन द्वारा 2021 में प्रकाशित

आवरण व टाइप सेटिंग : अंजुमन प्रकासन

ISBN : 978-93-88556-63-7

मेरी ज़िया
आदरेया श्रीमती सरला देवी
को समर्पित

लेखकीय

मन की इस सूनी डाली पर
अनगिन चिड़ियाँ चहक उठी हैं,
एक तुम्हारी दस्तक से ही
दीवारें तक महक उठी हैं,

गीत की यही तो ताकत है जो भाव आरंभ में रहता है अंत तक उसी भाव का निर्वाह करना पड़ता है। 'एक तुम्हारी दस्तक से' मेरा तीसरा गीत संकलन है जिसका यह प्रथम संस्करण है। कवि सम्मेलनीय व्यस्तताओं में जीवन के अन्य कार्य तो संपन्न हो सकते हैं लेकिन गीत की संरचना बहुत मुश्किल होती है। क्योंकि ग़ज़ल के शेरों में जो आजादी होती है वह गीत में संभव नहीं है। यहाँ तो एक ही विषय को पूरे गीत में पकड़ कर रखना होता है। मस्तिष्क को पूरी एकाग्रता चाहिए इसमें। इसलिए मेरे दो गीत संकलन के बाद तीसरे गीत संकलन के प्रकाशन के लिए मुझे बहुत प्रतीक्षा करनी पड़ी है। इस संकलन में शृंगार के अतिरिक्त जीवन के अन्य पहलुओं पर भी लिखी हुई रचनाएँ समाहित हैं। यह संकलन उन पूर्वाग्रह से ग्रसित लोगों के लिए भी एक आईना है जो किसी कवि को एक साँचे में फिट करके उसका दुष्प्रचार करते हैं।

'गीत अस्तित्व का नवनीत है' यह आप्त वाक्य है मेरे आदर्श पद्म विभूषण गोपालदास नीरज जी का। इस कथन को पूरी तरह पुष्ट करते हैं मेरे संकलन के समस्त गीत। मेरे तमाम वरिष्ठ गीतकारों का शुभ आशीष मेरे साथ है। अंजुमन प्रकाशन को बहुत-बहुत धन्यवाद कि उसने इन समस्त गीतों को सुंदर और शानदार कलेवर के साथ प्रकाशित कर आपके सामने रखा है। मुझे उम्मीद है कि

मेरे समस्त पाठक श्रोता और प्रशंसक इस गीत संकलन को भी अपना उतना ही स्नेह प्रदान करेंगे जितना मेरे पूर्व के दो गीत संकलनों पर प्रदान किया है।

साभार।

(डॉ. विष्णु सक्सेना)
सिकंदराराऊ (हाथरस)/ ग़ाज़ियाबाद
मोबाइल- 9412277268, 7017823400

अनुक्रम

1. आँसू गंगा जल हो बैठे... - 11
2. आज की ये रात... - 13
3. कलाई गुनगुनाती है... - 15
4. क्यों आँसू दे डाले... - 17
5. गुरू जी तुम्हारे बिन... - 19
6. दिल की ज़मीं पर... - 20
7. दुःख को गुनगुनाओगे... - 22
8. दो अधर चाहिए... - 23
9. द्वार के सतिये... - 25
10. नदिया गयी छोड़कर... - 26
11. पथरायी पुतरिया... - 28
12. सुला न सका... - 29
13. पलकें हैं भारी... - 31
14. पहले कभी नहीं... - 33
15. प्यार देना सीखते... - 35
16. मन नहीं लगता किसी भी शहर में... - 36
17. मन बहलाता हूँ... - 38
18. मन हल्का कर डाला... - 40
19. मुड़ के देख... - 42

20. ये आग कैसी है... - 43
21. रूठ कर चल दिया... - 44
22. वन चला जाऊँगा तो बन जाऊँगा... - 46
23. वहाँ मत चलो... - 48
24. वृंदावन बनाओगे... - 49
25. समन्दर दिखेगा नहीं... - 51
26. सर झुकाता हूँ... - 53
27. हाथ की रेखा देख... - 55
28. महिला दिवस पर... - 57
29. आ जाओ एक दीप जला लो... - 59
30. किस डे... - 61
31. हग डे... - 63
32. प्रोमिज डे... - 65
33. टेडी बियर डे... - 67
34. आओ मेरे साथ... (नव वर्ष)... - 69
35. मेरे हाथ जला डाले हैं... - 70
36. वे बदले तो मजबूरी है... - 72
37. प्रेम अधूरा ही होता है... - 74
38. दीवारें ढहने दो... - 76
39. मन की गाँठों को खोलेंगे... - 78
40. दीवारें तक महक उठी हैं... - 80
41. वेलेण्टाइन डे... - 82
42. जाने कब हो गया सवेरा... (राखी गीत) - 84
43. आ रही इक रोशनी है... - 86
44. डुबकी अभी अधूरी है... - 88
45. नाचे पूनम का एक मोर... - 90

46. ऐ मेरे प्यारे हिन्द वतन... - 92
47. सपनों का एक घर... - 94
48. उलटी-पलटी सब तिथियाँ है... - 96
49. कुछ रंग आवारा बादल से... - 98
50. हर जनम हम तुम्हारे रहें... - 100
51. परसों का कहकर... - 102
52. रस्ता दिखाये... - 103
53. हम धरती, तुम आकास... - 105
54. आँसू का त्योहार किया है... - 106
55. नाते सभी उधारी के... - 108
56. जब से तुमसे यारी की... - 110
57. ज़िंदगी-ज़िंदगी हो गयी... - 111
58. दिल में मत आग लगा... - 113
59. वन्दे मातरम्... - 115
60. नया करें तो अच्छा है... - 117
61. गुम क्यों है? - 119
62. मेरे प्यारे हिन्द वतन... - 120
63. आ तेरी तस्वीर बना दूँ... - 122
64. नीला आसमान... - 123

आँसू गंगा जल हो बैठे...

याद तुम्हारी करके जब भी मेरे नयन सजल हो बैठे।
मन हो गया भगीरथ जैसा आँसू गंगा जल हो बैठे।

प्यास दबाये बैठी कब से,
सूख रहा था जिसका कण-कण,
चाह बरसने की थी मन में,
पर न धरा ने दिया निमंत्रण।

इस पर्वत से उस पर्वत हम
आवारा बादल हो बैठे।
मन हो गया भगीरथ जैसा
आँसू गंगाजल हो बैठे।

एक कली के पास गया तो,
बोली मुझसे मुझे न तोड़ें,
जब वो खिलकर फूल बनी तो,
मन ये बोला रिश्ता जोड़ें।

जब उसको चूमा काँटों से
होंठ मेरे घायल हो बैठे।
मन हो गया भगीरथ जैसा
आँसू गंगाजल हो बैठे।

जीवन तो इक समझौता है,
पल में हँसना पल में रोना,
एक तरफ फूलों से शादी,
एक तरफ काँटों से गौना।

शायद कोई शिव मिल जाये
सोच के यही गरल हो बैठे।
मन हो गया भगीरथ जैसा
आँसू गंगाजल हो बैठे।

रही अमावस सखा हमारी,
साथ ले गये तुम तो पूनम,
एक आँख से खुशी झलकती,
एक आँख आँसू से है नम।

जो भी चाहे वो हल कर ले
हम वो प्रश्न सरल हो बैठे।
मन हो गया भगीरथ जैसा
आँसू गंगाजल हो बैठे।

बन के नींद मेरी पलकों को,
तुमने कितना मान दिया है,
सपनों में बातें कर तुमने,
इस दिल पर एहसान किया है।

झील-सी नीली आँखों में हम
लगने को काजल हो बैठे।
मन हो गया भगीरथ जैसा
आँसू गंगाजल हो बैठे।

आज की ये रात...

आज की ये रात महकेगी हमारे ख्वाब में।
एक चिड़िया रोज़ चहकेगी हमारे ख्वाब में।

पतझरों में फूल खिल जायेंगे ये सोचा न था,
आप यूँ इक रोज़ मिल जायेंगे ये सोचा न था,
गर्म तेवर बर्फ से गलने लगेंगे उस समय,
इस तरह से होंठ सिल जायेंगे ये सोचा न था।

टीस की कोयल-सी कुहकेगी हमारे ख्वाब में,
एक चिड़िया रोज़ चहकेगी हमारे ख्वाब में।

रास्ते भर प्राण पंछी मौन रहते कब तलक,
दूर रह कर विरह अग्नि और सहते कब तलक,
बहकते हाथों ने खोलीं साँकलें संयम की जब,
इक नदी के साथ तिनके और बहते कब तलक।

बर्फ की घाटी भी दहकेगी हमारे ख्वाब में,
एक चिड़िया रोज़ चहकेगी हमारे ख्वाब में।

पहुँचकर मंज़िल पे जब आयी थकन सोने लगे,
रास्ते जाने हुए थे फिर भी हम सोने लगे,
गीत कोरे पृष्ठ पर जब ले कलम लिखने लगा,
होंठ तो हँसते रहे पर ये नयन सोने लगे।

दृष्टि दर्पण होके बहकेगी हमारे ख्वाब में,
एक चिड़िया रोज़ चहकेगी हमारे ख्वाब में।

कलाई गुनगुनाती है...

दिल के बगीचे से महक रिश्तों की आती है।
सावन लगते ही कलाई गुनगुनाती है।

माँ का आँचल मुझे देश हित भक्ति सिखाता हरदम,
बापू का आशीष युद्ध में शक्ति दिलाता हरदम,
सीमाओं की रक्षा करते प्राण निछावर कर दूँ,
बहना की राखी का धागा यही बताता हरदम।

शायद याद कर रही होगी, हिचकी आती है।
दिल के बगीचे से महक रिश्तों की आती है।

रो मत बहना जंग खत्म होते ही आ जाऊँगा,
तुझे बिठाकर झूले में मैं मल्हारें गाऊँगा,
आसमान के तारे सारे करूँ निछावर तुझ पर,
चन्दा की डोली में साजन के घर भिजवाऊँगा,

जा, हँसकर के घर के अन्दर, माँ बुलाती है।
दिल के बगीचे से महक रिश्तों की आती है।

मेरी काग़ज़ की कश्ती को पानी पर तैराना,
मेरे बस्ते को भी अपने कंधे पर लटकाना,
छीन-छीनकर मेरी टॉफी-बिस्किट भी खा जाना,
मेरी गलती होने पर भी माँ से खुद पिट जाना।

यादों की तितली हाथों को छू उड़ जाती है।
दिल के बगीचे से महक रिश्तों की आती है।

सरहद पर दुश्मन के खूँ से होली मन जाती है,
बम की आवाज़ें अपने संग दीवाली लाती है,
अपने सब त्योहार यहाँ पर यूँ ही मन जाते हैं,
पर रक्षाबन्धन पर तेरी याद बहुत आती है।

आँखों के सागर की गागर छलछलाती है।
दिल के बगीचे से महक रिश्तों की आती है।

क्यों आँसू दे डाले...

जाने कितनी उम्मीदों के सपने इन आँखों में पाले।
पर मेरी खुशियों के बदले तुमने क्यों आँसू दे डाले?

सूरज के गुस्से ने जब भी,
संदल-सा तन गरम किया,
बारिश का झरना बन करके,
हमने उसको नरम किया।

जब-जब तुम सर्दी से काँपे,
तब-तब हम बन गये दुशाले,
पर मेरी खुशियों के बदले,
तुमने क्यों आँसू दे डाले?

सूरज डूबा, साँझ हुई तो,
हमने मन का साज मिलाया,
तन्हाई में बैठ के हमने,
जब भी गाया तुमको गाया।

दृष्टि तुम्हारी, भाव तुम्हारे,
हमने बस गीतों मे ढाले,
पर मेरी खुशियों के बदले,
तुमने क्यों आँसू दे डाले?

कुछ आशाओं की खातिर हम,
बस्ती- बस्ती दौड़े भागे,
सुख को अपने पीछे रख कर,
दुःख को रक्खा बिलकुल आगे।

मंज़िल की दहलीज़ पे आके,
सिसक रहे हैं पाँव के छाले,
पर मेरी खुशियों के बदले,
तुमने क्यों आँसू दे डाले?

गुरू जी तुम्हारे बिन...

रास्ता दिखाये कौन गुरूजी तुम्हारे बिन।
पाँव डगमगाये मेरे तुम्हारे सहारे बिन ।

राह में अकेले चले हाथों में दिया लिये,
पर ना अँधेरा हमसे दूर हुआ,
जीने के लाले पड़े पाँवों में छले पड़े,
इतना चला कि थक के चूर हुआ।
किस्मत बनेगी कैसे तुम्हारे सँवारे बिन।
रास्ता दिखाये...

कुदरत के चाँटे मिले, काँटे ही काँटे मिले,
रुत आयी जब जब बहार की,
अपने भी रूठे मिले, सच्चे भी झूठे मिले,
मूरत घिनौनी मिली प्यार की।
आगे बढ़ेंगे कैसे तुम्हारे इशारे बिन।
रास्ता दिखाये...

अमृत का प्याला मिले, दिन में उजाला मिले,
चाँदनी बिखर जाये रात में,
नैनों से नेह झरे, अधरों में मिश्री धरे,
फूटे गीत मेरी हर बात में।
लेखनी चले ना मेरी तुमको विचारे बिन।
रास्ता दिखाये...

दिल की ज़मीं पर...

दिल की ज़मीं पर जब फसल यादों की बोओगे।
जिससे जितना प्यार करोगे उतना रोओगे।

कैसा होता दर्द टूटने का डाली से पूछो,
पतझड़ आने की पीड़ा तुम हरियाली से पूछो,
एक कली खिलने से पहले कोई तोड़ ले जाये,
क्यों गुमसुम-सा हो जाता है उस माली से पूछो।

पा जाओगे सब कुछ खुद को जितना खोओगे।
दिल की ज़मीं पर जब फसल यादों की बोओगे।

नदिया जब से गयी छोड़कर सूने हुए किनारे,
रूठ गये हैं स्वर जिस दिन से टूट गये इक तारे,
जब तक नील गगन में रहते चमक नहीं खोते हैं,
जाने कहाँ चले जाते हैं टूटे हुए सितारे।

सपने अपने हो जायेंगे जब भी सोओगे।
दिल की ज़मीं पर जब फसल यादों की बोओगे।

हमने भी इक हरे भरे मौसम से प्यार किया था,
हमें लगा उसने ऋतुओं को हम पर वार दिया था,
एक दिन माँगी उससे हमने अधरों पर मुस्कानें,
तो उसने आँखों को सावन का उपहार दिया था।

तन पर दाग नहीं ये मन पर कैसे धोओगे।
दिल की ज़मीं पर जब फसल यादों की बोओगे।

दुःख को गुनगुनाओगे...

भँवरो! अगर तुम कलियों की बातों में आओगे।
जितना यकीं करोगे उतने धोखे खाओगे।

हम तो जिस-जिस राह चले हर राह पे ठोकर खायी,
जिसको अपना हमदम समझा वो निकला हरजाई,
फूलों की पोशाकें पहने काँटे खिले मिले सब,
उसने ही घायल कर डाला जिससे प्रीत लगायी,
घाव बहुत हैं मरहम कम कैसे लगाओगे।
भँवरो! अगर तुम कलियों की बातों में आओगे।

गर्म दुपहरी-सी दहकेंगी पूनम की वो रातें,
तन-मन झुलसाएँगीं सावन-भादों की बरसातें,
गुलशन, कलियाँ, फूल, तितलियाँ सब तकलीफें देंगे,
जब भी याद करोगे तन्हाई में पिछली बातें,
जीवन के हर मोड पे दुःख को गुनगुनाओगे।
भँवरो! अगर तुम कलियों की बातों में आओगे।

दर्द के पंछी आसमान में उड़ते हैं पर खोले,
यादों की डोली काँधों पर खाती है हिचकोले,
सपनो तुम ही यहाँ रहो हम कहीं और रह लेंगे,
आँखों की देहलीज पे आके आँसू जब ये बोले,
सपने भी अपने नहीं किससे निभाओगे।
भँवरो! अगर तुम कलियों की बातों में आओगे।

दो अधर चाहिए...

कुछ शहद घोल दो, प्यार से बोल दो,
खिड़कियाँ खोल दो रोशनी के लिये,
जीत भी हार भी, फूल भी खार भी,
चाहिए प्यार भी ज़िन्दगी के लिये।

धूप की आँख टेढ़ी हुई छाँव पर,
बन्धु दो-दो लड़े सिर्फ इक गाँव पर,
फिर से सीना फुलाये हैं कौरव खड़े,
पाण्डवों की लगी अस्मिता दाँव पर,
पीर उठने तो दो, चीर खिंचने तो दो,
कृष्ण फिर आयेंगे द्रौपदी के लिए।
कुछ शहद घोल दो, प्यार से बोल दो...

हर क़दम पे है छल, आप चलिए सँभल,
स्वर्ण मृग बन के मारीच आया निकल,
लाज लक्ष्मण की रेखा की रख ली अगर,
अपने मक़सद में रावण न होगा सफल,
थी कँटीली डगर जानते थे मगर,
राम वन-वन फिरे जानकी के लिए।
कुछ शहद घोल दो, प्यार से बोल दो...

इश्क है बे मज़ा, जिसमें वादा न हो,
वो सफलता ही क्या जिसमें बाधा न हो,
प्राण बिन देह जैसे अधूरी लगे,
कृष्ण आधा लगे संग राधा न हो,
उँगलियाँ बे-असर, कैसे निकलेंगे स्वर,
दो अधर चाहिए बाँसुरी के लिये।
कुछ शहद घोल दो, प्यार से बोल दो...

द्वार के सतिये...

जब कभी भी हो तुम्हारा मन चले आना।
द्वार के सतिये तुम्हारी हैं प्रतीक्षा में।

हाथ से काँधों को हमने थामकर,
साथ चलने के किये वादे कभी,
मन्दिरों दरगाह पीपल सब जगह,
जाके हमने बाँधे थे धागे कभी,
प्रेम के हर एक मानक पर खरे थे हम,
बैठ ना पाये न जाने क्यों परीक्षा में।
द्वार के सतिये तुम्हारी हैं प्रतीक्षा में।

हम जलेंगे और जीयेंगे उम्रभर,
अपना और दीपक का ये अनुबन्ध है,
तेज़ आँधी भी चलेगी साथ में,
पर बुझायेगी नहीं सौगन्ध है,
पुतलियाँ पथरा गयीं पथ देखते पल-पल,
आँख को शायद मिला ये मंत्र दीक्षा में।
द्वार के सतिये तुम्हारी हैं प्रतीक्षा में।

अक्षरों के साथ बंध हर पँक्ति में,
याद आयी है निगोड़ी गीत में,
प्रीत की पुस्तक अधूरी रह गयी,
सिसकियाँ घुलने लगीं संगीत में,
दर्द का ये संकलन मिल जाये तो पढ़ना,
मत उलझना तुम कभी इसकी परीक्षा में।
द्वार के सतिये तुम्हारी हैं प्रतीक्षा में।

नदिया गयी छोड़कर...

ज़िन्दगी तुझको ढूँढ़ा बहुत दूर तक,
कैसे सो जाऊँ मंज़िल से मुँह मोड़कर,
जिसको चाहा था मैंने कभी टूटकर,
रख दिया अब उसी ने मुझे तोड़कर।

दिये जले न जले दिल ही जला रक्खा था,
एक उम्मीद पे दरवाज़ा खुला रक्खा था,
सूनी पलकों में भी सपनों को सुला रक्खा था,
एक तोहमत को ये दामन भी धुला रक्खा था,
एक दिया लेके मैं चल दिया पर मुझे,
सब अँधेरे मिले रोशनी ओढ़कर,
ज़िन्दगी तुझको ढूँढ़ा बहुत दूर तक,
कैसे सो जाऊँ मंज़िल से मुँह मोड़कर।

मैं तो जब घर से निकलता था शगुन लेता था,
राह में जो भी शूल मिलते थे चुन लेता था,
कोयलों से भी नये गीत की धुन लेता था,
मुझको कोई पागल कहे तो मैं सुन लेता था,
ऐसी बज उठती धुन गुनगुनाते सभी,
देखते तो सही तार को जोड़कर,
ज़िन्दगी तुझको ढूँढ़ा बहुत दूर तक,
कैसे सो जाऊँ मंज़िल से मुँह मोड़कर।

जाने क्या बात थी नदिया की उस रवानी में,
डाल के पाँव बैठते थे घण्टों पानी में,
कोई झगड़ा न था गुलाब रातरानी में,
बस दो ही पात्र हमेशा रहे कहानी में,
जिन किनारों से नदिया लिपटती रही,
उन किनारों को नदिया गयी छोड़कर,
ज़िन्दगी तुझको ढूँढ़ा बहुत दूर तक,
कैसे सो जाऊँ मंज़िल से मुँह मोड़कर।

कैसी पानी में तड़पती हैं मछलियाँ देखो,
एक बादल भी नहीं फिर भी बिजलियाँ देखो,
बिना मौसम के बरसती हैं बदलियाँ देखो,
जाने क्यों चूमतीं काँटों को तितलियाँ देखो,
ज़िन्दगी कितनी है जानता था मगर,
वो दिखाते रहे बुलबुला फोड़कर,
ज़िन्दगी तुझको ढूँढ़ा बहुत दूर तक,
कैसे सो जाऊँ मंज़िल से मुँह मोड़कर।

पथरायी पुतरिया...

आजा रे अब तो मोरे साँवरिया ।
राह तकत बीती जाये उमरिया ।

सावन बीते - भादों बीते,
नयन कलश तक हो गये रीते,
किससे कहूँ और किससे छुपाऊँ,
अपने मन की बात बताऊँ,
आकर अब तो ले ले खबरिया।

मेहँदी का रंग अभी जस का तस है,
पूरनमाशी हुई मावस है,
सूरज-चन्दा अनगिन तारे,
ये सब बैरी हो गये हमारे,
हियरा कँपाये जब कड़के बिजुरिया।

सारे बहाने हो गये पुराने,
मेरी ही देह मारे मुझसे ही ताने,
वादे करूँ उससे कब तक झूठे,
पायल भी गुमसुम कंगन भी रूठे,
पथ देखत पथरायी पुतरिया।

सुला न सका...

बन्धनों में था कितना तुम्हें क्या पता,
अश्रु थे आँख में पर बहा ना सका,
रात थी, नींद थी, पास सपने भी थे,
फिर भी पलकों में उनको सुला ना सका।

मुझसे सूरज ने कुछ भी कहा ही नहीं,
जुगनुओं की चमक ही जलाती रही,
जब भी काँटों से माँगा मिला आसरा,
फूल की खुश्बुयें दिल दुखाती रहीं,
दायरों के अलावों में ऐसा तपा,
हाथ जलते रहे पर हटा ना सका,
रात थी, नींद थी, पास सपने भी थे,
फिर भी पलकों में उनको सुला न सका।

हम नदी के हैं बेबस किनारे सदा,
सिर्फ जल के बहावों से कटते रहे,
जब भी चाहा जुड़ें हम किसी अंक से,
भाग्य के भाग्य फल से ही कटते रहे,
पास थीं दूरियाँ और मजबूरियाँ,
फड़फड़ाये अधर पर बुला ना सका,
रात थी, नींद थी, पास सपने भी थे,
फिर भी पलकों में उनको सुला न सका।

जब कभी चकवा-चकवी का जोड़ा मिला,
उनको हमने कभी भी उड़ाया नहीं,
कामनाओं की बाँहे तो फैली मिलीं,
फिर भी मन ये निगोड़ा समाया नहीं,
पास स्याही क़लम और काग़ज़ भी था,
प्यार का गीत फिर भी मैं गा ना सका।
रात थी, नींद थी, पास सपने भी थे,
फिर भी पलकों में उनको सुला न सका।

पलकें हैं भारी...

हम याद रक्खेंगे तुमको हमेशा,
तुम भूल जाओ ये मर्जी तुम्हारी,
हम हार बैठे हैं किस्मत से अपनी,
तुम जीत बैठे हो बाजी हमारी।

सागर किनारे जो पल-छिन गुजारे,
न अब वो हमारे न अब वो तुम्हारे,
आँधी समय की ने ऐसा उड़ाया जो,
हम इस किनारे-हो तुम उस किनारे,
ढेरों हैं आँसू सपने बहुत हैं,
शायद इसी से ये पलकें हैं भारी,
हम हार बैठे हैं क़िस्मत से अपनी,
तुम जीत बैठे हो बाज़ी हमारी।

जो खत लिखे एक-दूजे को हमने,
मैं तो सहेजूँगी तुम फाड़ देना,
कुछ ना कहूँगी मैं बस चुप रहूँगी,
सिसकेगा दिन और रोयेगी रैना,
अब तो ये मेरा विधाता ही जाने,
जीयेगी कैसे नदी बिन बारी,
हम हार बैठे हैं क़िस्मत से अपनी,
तुम जीत बैठे हो बाज़ी हमारी।

जो गम मिले हैं तुम्हें मेरे कारन,
गर हो सके तो मुझे माफ करना,
यादों से जुड़ करके खुद ही सँवरना,
चटके हुए काँच से मत बिखरना,
तुम भी अगर हो सके भूल जाना,
ये अरजी हमारी फिर मर्ज़ी तुम्हारी,
हम हार बैठे हैं क़िस्मत से अपनी,
तुम जीत बैठे हो बाज़ी हमारी।

पहले कभी नहीं...

जितना बेबस अब देखा है,
उतना पहले कभी नहीं,
इन आँखों में बसी थी अब क्यों,
पहले वाली छवी नहीं।

सुबह गयी, दोपहरी बीती,
साँझ हुई तम छाये थे,
तेज़ आँधियों में भी हमने,
मिलकर दीप जलाये थे,
प्यार का दीपक नेह के आँसू,
फिर क्यों बाती जली नहीं,
इन आँखों में बसी थी अब क्यों,
पहले वाली छवी नहीं।

तुम बल खाती सरिता हो,
और हम दो तट बाँहों के,
साथ रहे पर सुन ना पाये,
स्वर अनजान कराहों के,
छोड़ा था जिस जगह नदी को,
उससे आगे बढ़ी नहीं,
इन आँखों में बसी थी अब क्यों,
पहले वाली छवी नहीं।

कलियों-सी मुस्कान तुम्हारी,
मेरी ताकत बन बैठी,
बस झूठी-सी एक दिलासा,
मेरी शोहरत बन बैठी,
अब तो शायद सच सुनने की,
मुझमें ताकत रही नहीं,
इन आँखों में बसी थी अब क्यों,
पहले वाली छवी नहीं।

प्यार देना सीखते...

ना सुलगती रात ना दिन आँसुओं से भीगते।
प्यार के बदले अगर तुम प्यार देना सीखते।

हमने जब भी गुनगुनायी नेह की आसावरी,
खुद ब खुद बहने लगी तब शब्द की गोदावरी,
इक सुखद स्पर्श पाकर गीत अनगिन हो गये,
देह तो जगती रही मन प्रान दोनों सो गये,
मुँह छिपाते ना उजाले, ना अँधेरे रीझते,
प्यार के बदले अगर तुम प्यार देना सीखते।

गोद में सर रख के मेरा तुम जो देते थपकियाँ,
आँसुओं को पोंछ देते बन्द करते सिसकियाँ,
पर तुम्हारे एक ही जुमले ने तोड़े सब भरम,
हृदय अपना धरम भूला आँख भी अपना धरम,
फूल मुँह ना फेरते, काँटे न दामन खींचते,
प्यार के बदले अगर तुम प्यार देना सीखते।

एक तितली फूल के कहती है जब कुछ कान में,
तो समझ लो ऋतु बसंती-सी है बियाबान में,
तुम भी छू लेते जो पत्थर तो ये बनता देवता,
माफ कर देता तुम्हारी अगली-पिछली सब खता,
ज़ख़्म जो अन्दर छिपे गर वो भी तुमको दीखते,
प्यार के बदले अगर तुम प्यार देना सीखते।

मन नहीं लगता किसी भी शहर में...

छोड़कर जब से तुम्हारा शहर हम आये।
मन नहीं लगता किसी भी शहर में ।

फूल जितने भी सजे गुलदान में,
नागफनियों से सभी चुभने लगे,
जो कभी करते हवा से गुफ्तगू,
रास्तों पर वो क़दम रुकने लगे,
जिस नदी तट पर मिला करते थे हम अक्सर,
डूबता अब मन उसी की लहर में,
मन नहीं लगता है किसी भी शहर में...

आँख क्या करती उसी के घाट पर,
स्वप्न सारे अश्रु पीने आ गये,
गर्मियाँ खुद बर्फ-सी जमने लगीं,
सर्दियों को भी पसीने आ गये,
रात में झुलसा रही है चाँदनी तन-मन,
दर्द दूने हो गये दोपहर में,
मन नहीं लगता है किसी भी शहर में...

जब भी आते हो खयालों मे मेरे,
महकने लगता है मेरा तन-बदन,
इक ग़ज़ल कह दूँ तुम्हारी शान में,
उस समय तेज़ी से चलता है ज़हन,
मेरे मतले और मक्ते में तुम्हीं तुम हो,
शेर सारे हैं तुम्हारी बहर में,
मन नहीं लगता है किसी भी शहर में...

मन बहलाता हूँ...

जब-जब तेरी याद मुझे छू जाती है,
सारी सारी रात नहीं सो पाता हूँ,
बोझिल होकर पलकें जब मुँद जाती हैं,
तेरी ही छवियों से मन बहलाता हूँ।

देख के फूलों को तो हिम्मत बढ़ती है,
पर अधखिली कली सब मुझे चिढ़ाती हैं,
भँवरे आकर ज़ख्म मेरे सहलाते हैं,
तितली आके पीड़ा और बढ़ाती है,
जब- जब तेरी छुअन मुझे छू जाती है,
फूलों की तरह से मैं खिल जाता हूँ,
सारी-सारी रात नहीं सो पाता हूँ।

लहरें जब लहरों से उठकर मिलती हैं,
पानी के संसार में गुम हो जाती हैं,
दो तट अलग-अलग रहते हैं जीवन भर,
देख के उनको आँखें नम हो जाती हैं,
मन जा बैठे मेरा किसी किनारे पर,
सहला-सहलाकर उसको समझाता हूँ,
सारी-सारी रात नहीं सो पाता हूँ।

जाता हूँ जब मैं गुलाब के उपवन में,
काँटों का संगीत सुनायी देता है,
जब भी देखूँ हसरत से मैं पतझर को,
बिछुड़ा-सा एक मीत दिखायी देता है,
और उलझती जाती सुख-दुःख की गुत्थी,
जितना कोशिश करके मैं सुलझाता हूँ,
सारी-सारी रात नहीं सो पाता हूँ।

मन हल्का कर डाला...

एक तुम्हारे फोन ने मेरा
भारी मन हल्का कर डाला।
दर्द जमाये जड़ बैठा था
एक छुअन ने सब हर डाला।

अनहोनी ना दस्तक दे दे,
कदम-कदम पर डर लगता था,
घर में सब रहते थे फिर भी,
सूना-सूना घर लगता था,
दुःख का अपना घर होता है,
उसको भी कर बेघर डाला।
दर्द जमाये जड़ बैठा था
एक छुअन ने सब हर डाला।

एक स्वाद के लिये जनम भर,
अपनी भूख सहेजी मैंने,
तृप्ति मिलेगी इसीलिए बस,
प्यास की पाती भेजी मैंने,
बिना विचारे दिल पर प्रेम का
लिख ये ढाई आखर डाला।
दर्द जमाये जड़ बैठा था
एक छुअन ने सब हर डाला।

आँखों के इस कोपभवन में,
रेगिस्तान बना सपनों का,
इन उधार की नींदों में बस,
एक भरोसा है अपनों का,
छलक रहे क्यों इन नयनों में,
इतना गंगा जल भर डाला,
दर्द जमाये जड़ बैठा था
एक छुअन ने सब हर डाला,

मुड़ के देख...

एक बार तो मुड़ के देख, एक बार तो मुड़ के देख।
आँखों की भाषा मेरी इस बार तो पढ़ के देख।

छुप-छुप कर मुझसे मिलने को छत पर तेरा आना,
मुझे याद है अब भी वो बारिश में बाल सुखाना,
जिस दिन से तुम दुनियादारी के स्कूल गये हो,
मेरे साथ बिताये सारे पल वो भूल गये हो।
एक बार तो यादों के तूफाँ से लड़ के देख,
एक बार तो मुड के देख, एक बार तो मुड़ के देख।

जब से तुमको देखा है घर-आँगन महक रहा है,
रातें सर्द भले ही हों पर ये तन दहक रहा है,
लाख जतन करने पर भी ये मन ना बहल रहा है,
नदिया से मिलने को सागर अब भी मचल रहा है।
प्रेम-देवता के चरणों में फूल-सा चढ़ के देख,
एक बार तो मुड़ के देख, एक बार तो मुड़ के देख।

तेरे सपनों की किताब अब भी सहेज रक्खी है,
कलियों की डोली भँवरों के हाथ भेज रक्खी है,
तेरे दिन के पीछे-पीछे मेरी रात चलेंगी,
चाहेंगे जिस ओर हवायें अपने साथ चलेंगी,
सारा अम्बर अपना होगा- साथ तो उड़ के देख,
एक बार तो मुड़ के देख, एक बार तो मुड़ के देख।

ये आग कैसी है...

ये आग कैसी है न दिखती पर जलाती है।
जितना ज़्यादा दूर रहो उतना झुलसाती है।

कलियों से कुछ बातें कर लीं यही खता की हमने,
पलकों पर कुछ तितली धर लीं यही खता की हमने,
उनमें शायद लहर उठेगी यही सोच कर हमने,
आँखें उनकी झील समझ लीं यही खता की हमने,
एक खता आँखों को जीवन भर रुलाती है,
ये आग कैसी है न दिखती पर जलाती है।

फूलों से घायल हो जाना सिर्फ प्यार में सम्भव,
हँसते-हँसते ही रो जाना सिर्फ प्यार में सम्भव,
कड़ी धूप में बैठ जायें तो जलन नहीं होती है,
नागफनी पर ही सो जाना सिर्फ प्यार में सम्भव,
नदिया कैसे भी बहे सागर तक जाती है,
ये आग कैसी है न दिखती पर जलाती है।

जिस मन्दिर में जाकर बैठो वही दिखायी देता,
घण्टों, शंखों और भजनों में वही सुनायी देता,
आँसू भरकर आँखों में जब शहनाई रोती है,
हर उजड़ा गुलशन जाने क्यों मुझे बधाई देता,
कुदरत भी ना जाने क्या-क्या रंग दिखाती है,
ये आग कैसी है न दिखती पर जलाती है।

रूठ कर चल दिया...

क्या कहें हम इसे, मोम समझा जिसे,
वो भी निकला है पत्थर की चट्टान-सा,
जो भी अपना दिखा, वो ही सपना दिखा,
रूठ कर चल दिया घर से मेहमान-सा।

आज फिर भूल से एक गलती हुई,
काँच के फ्रेम में एक पत्थर जड़ा,
एक दरिया समझ पार जिसको किया,
था वहाँ आँसुओं का समन्दर बड़ा,
द्वार पर जिसके गमले सजे फूल के,
था उसी घर में जंगल भी सुनसान-सा।
क्या कहें हम इसे, मोम समझा जिसे,
वो भी निकला है पत्थर की चट्टान सा।

मैंने जब–जब जतन से बनाया है घर,
जाने किसकी है लग जाती उसको नज़र,
तैरना चाहता था नदी में बहुत,
डर सताता है फिर ना डुबो दे भँवर,
पुतलियाँ चल रहीं नब्ज़ भी ठीक है,
फिर भी क्यों उठ रहा मन में तूफान-सा।
क्या कहें हम इसे, मोम समझा जिसे,
वो भी निकला है पत्थर की चट्टान-सा।

प्यार करना मेरी एक आदत-सी है,
होंठ से जाम ये छूटता ही नहीं,
फूल से भी कहा छोड़ दे गन्ध तू,
पर ये रिश्ता है जो टूटता ही नहीं,
अश्रु बहते रहे और ये कहते रहे,
हमको लगता है अब भी वो भगवान-सा।
क्या कहें हम इसे, मोम समझा जिसे,
वो भी निकला है पत्थर की चट्टान-सा।

वन चला जाऊँगा तो बन जाऊँगा...

धूप जब-जब भी सतायेगी तुम्हें।
शामियाना बन के मैं तन जाऊँगा।

रास्ता कितना भी हो भटकन भरा,
किंतु तेरे सामने है लक्ष्य तेरा,
हर अँधेरी रात कितनी हो भयंकर,
झाँकता है उसके पीछे से सवेरा,
तू अगर मेरे सुरों से सुर मिला दे,
एक मीठा गीत मैं बन जाऊँगा,
शमियाना बन के मैं तन जाऊँगा।

देख पानी में डुबोकर कमल-दल,
तुझको वो सूखा का सूखा ही मिलेगा,
मंज़िलें उसके ही कदमों को छुएँगी
जो निरंतर प्रगति के पथ पर चलेगा,
दीप बन के तू ज़रा-सा टिमटिमा दे,
मैं दिवाली की तरह मन जाऊँगा,
शमियाना बन के मैं तन जाऊँगा।

आपदाएँ चाहे जितना सर उठायें,
ध्यान रखना कोई मर्यादा न टूटे,
कैकई ने जो वचन दशरथ से माँगे,
पड़ न जायें वो कहीं इस जग में झूठे,
चाहता हूँ राम अपने आप बोले,
वन चला जाऊँगा तो बन जाऊँगा,
शमियाना बन के मैं तन जाऊँगा।

वहाँ मत चलो...

सुनो!
वहाँ मत चलो... वहाँ मत चलो ।

क्यों जायें हम उस जगह पर ख्वाब टूटें वहाँ पर,
कब बिजलियाँ टूट जायें अपने दिल के मकाँ पर,
वक्त का गाल हूँ मैं- आके खुशियाँ मलो।
सुनो...

आओ यहीं घूमते हैं इस नदी के किनारे,
तुम बैठो मेरे सहारे- मैं तुम्हारे सहारे,
थोड़ा-सा मैं गलूँ- थोड़े से तुम गलो।
सुनो...

चारों तरफ है अँधेरा एक सूरज उगायें,
होली के तुम रँग खेलो-हम दिवाली मनायें,
बाती मैं बन रही तुम-तेल बन कर जलो।
सुनो...

वृंदावन बनाओगे...

जब तन को मथुरा, मन को वृंदावन बनाओगे।
तब अपने मोहन को आगे-पीछे पाओगे।

तूफानों में दीप जलाना बहुत कठिन होता है,
सागर-तट पर महल बनाना बहुत कठिन होता है,
बहुत कठिन है सबकी सुनना, सहना और चुप रहना,
सारे सपने सच हो जाना बहुत कठिन होता है,
जब उसके सपनों को आँखों में सजाओगे।
जब तन...

जीवन सोते ही बीता अब हुआ सवेरा जागो,
एक छोटा-सा दीपक तम से कहता भागो-भागो,
प्रभु जितना दे सकता है तुम कभी नहीं ले सकते,
इसीलिए प्रभु से आगे बढ़कर के कुछ मत माँगो,
प्रेम के आँसू जब तुम आँखों से बहाओगे।
जब तन ...

अंधे की आँखें लँगड़े की लाठी बन कर देखो,
जिनकी कोई नहीं सुने तुम उनकी सुन कर देखो,
राहों में तुम फूल बिछा न सको कोई शिकवा ना,
जहाँ बिछे हों काँटे बस तुम उनको चुन कर देखो,
जब उसकी राहों में पलकों को बिछाओगे।
जब तन...

जो कुछ बाहर देख रहे हो वो तो एक सपना है,
जो अपने अन्दर बैठा है सिर्फ वही अपना है,
जिसको बनकर पेड़ उम्र भर बाँटी तुमने छाया,
उसके ही हाथों से एक दिन शाखों को कटना है,
सिर पर गठरी भारी है कैसे ले जाओगे।
जब तन...

समन्दर दिखेगा नहीं...

तुम नदी कहकहों की तुम्हें आँख में,
आँसुओं का समन्दर दिखेगा नहीं,
सब्र का बाँध यूँ तो है मज़बूत पर,
टूट जायेगा फिर कुछ बचेगा नहीं।

तुम तो कादम्बिनी जैसी फूली-फली,
और शहरों के अधरों की सरिता रहीं,
मैं धर्मयुग-सा हर रोज़ छोटा हुआ,
पर कटे हँस की सी उड़ानें भरीं,
ये तो तय है कि निःसार संसार में,
सारगर्भित जो होगा बिकेगा नहीं,
तुम नदी कहकहों की तुम्हें आँख में,
आँसुओं की समन्दर दिखेगा नहीं।

जो भी गिरकर उसूलों से मुझको मिला,
जाने क्यों हाथ उसको बढ़ा ही नहीं,
डाल से जो गिरा है धरा पर सुमन,
आज तक देवता पर चढ़ा ही नहीं,
आत्म सम्मान का पेड़ का ये तना,
टूट जायेगा पर अब झुकेगा नहीं,
तुम नदी कहकहों की तुम्हें आँख में,
आँसुओं की समन्दर दिखेगा नहीं।

ओ मेरे देवता मुझको ये तो बता,
मेरी पूजा में क्या-क्या कमी रह गयी,
मेरे अधरों पे भरपूर मुस्कान थी,
मेरी आँखों में फिर क्यों नमी रह गयी,
जो भी मिल जायेगा लूँगा सम्मान से,
हाथ ये याचना को बढ़ेगा नहीं,
तुम नदी कहकहों की तुम्हें आँख में,
आँसुओं की समन्दर दिखेगा नहीं।

सर झुकाता हूँ...

मैं तुमसे दूर बहुत दूर चला तो आया,
दो क़दम चल भी नहीं पाता हूँ थक जाता हूँ,
सबको मिल जायेगी मंज़िल ये ज़रूरी तो नहीं,
मैं अपने दिल को बार-बार ये समझाता हूँ।

जब भी सोचा कि शाख को छू लूँ,
गिर के सूखे हुए फूलों ने बहुत रोका था,
हाथ काँटों ने कर दिये घायल,
मुझको एक और सँभलने का दिया मौका था,
आज ये हाल है दे कोई मुझे फूलों को,
मैं उनको हाथ में लेने से भी कतराता हूँ,
दो क़दम चल भी नहीं पाता हूँ थक जाता हूँ,

कल अचानक जो मिले तुम तो लगा,
चाँदनी ने ज्यों पहन रक्खे हों कपड़े काले,
जो क़लम तुमने मुझको भेंट किया,
उसी क़लम से कई नर्म गीत लिख डाले,
कैसी उलझन ये मुझे कैसी पहेली दे दी,
जिसको सुलझाने अगर बैठूँ उलझ जाता हूँ,
दो क़दम चल भी नहीं पाता हूँ थक जाता हूँ,

यूँ तो पहले भी नहाया हूँ मगर अब की,
बरसात ने तन-मन को है जला डाला,
आँधियाँ शाख तक हिला न सकीं,
तुम्हारी गंध ने तन का तना हिला डाला,
रास्ते में कोई मन्दिर अगर मिला है मुझे,
तुम्हारा मान के घर अपना सर झुकाता हूँ,
दो क़दम चल भी नहीं पाता हूँ थक जाता हूँ,

मेरा तन और मन था शीशे का,
पत्थरों के महल से अपना दिल लगा बैठा,
तेज़ बारिश थी मन नहीं माना,
मैं पतंगों को आसमान में उड़ा बैठा,
रेत का घर तो बिखर जायेगा इशारे से,
ये जानता हूँ मगर फिर भी मैं बनाता हूँ,
दो क़दम चल भी नहीं पाता हूँ थक जाता हूँ,

हाथ की रेखा देख...

कैसा होगा साजन अपना कैसा होगा गाँव,
कैसे होंगे फूल चमन के कैसी होगी छाँव,
वैसे तो तकदीर हमारी है लाखों में एक,
ले पण्डित हाथ की रेखा देख,
ले मेरी हाथ की रेखा देख।

अरे बता दे कब तक भरना है पनघट से नीर,
कब तक भरी रहेगी बतला अर्न्तघट में पीर,
कितने दिन तक करना होगा नागफनी से प्यार,
और बता दे इस पतझड़ से कितनी दूर बहार,
अब तक कोई बता न पाया ज्ञानी अनेक,
ले पण्डित हाथ की रेखा देख।

करम फले तो फले सभी कुछ भीख बंज व्यापार,
हाथ की रेखा बाँच बता दे कौन करेगा प्यार,
कितने दिन तक रखना होगा और अभी उपवास,
कितने दिन तक इन अधरों की रखूँ सुरक्षित प्यास,
बाँच-बाँच के अर्थ बता दे क्या विधना का लेख,
ले पण्डित हाथ की रेखा देख।

राहु की हो वक्र दिशा तो राह उसे दिखला दे,
केतु करे विखण्डन तो तू खण्ड-खण्ड मिलवा दे,
मीन, मकर और कर्क, सिंह में जो हो जितना टेढ़ा
ऐसी जुगत भिड़ा दे रे पण्डित कर दे दूर बखेड़ा,
कर दे ग्रह जो शांत दक्षिणा दऊँ पाँच सो एक,
ज्योतिषी हाथ की रेखा देख।

महिला दिवस पर...

ज़िन्दगी बिन तुम्हारे कहाँ ज़िन्दगी,
खुशनुमा ज़िन्दगी की तुम्हीं आस हो,
मेरा दिल हो तुम्हीं उसकी धड़कन तुम्हीं,
जिस्म में आती-जाती हुई श्वास हो।

अब न मंदिर न मस्जिद सुहाता मुझे,
पास तुम हो तो प्रभु की ज़रूरत नहीं,
बस तुम्हें देखकर काम सब हों शुरू,
तुमसे अच्छा है कोई महूरत नहीं,
तुम न होतीं तो जग देख पाता न माँ,
हर समय तुम मेरे आस ही पास हो।
ज़िन्दगी बिन तुम्हारे कहाँ ज़िन्दगी,
खुशनुमा ज़िन्दगी की तुम्हीं आस हो।

तुम न होतीं तो बचपन था सूना मेरा,
अपनी राखी से भर दी कलाई मेरी,
माँ न डाँटे मुझे फिर किसी बात पर,
तुमने शैतानी हर इक छुपायी मेरी,
मेरी हमराज़ हो दोस्त हो तुम बहन,
नर्म भावों भरा एक एहसास हो।
ज़िन्दगी बिन तुम्हारे कहाँ ज़िन्दगी,
खुशनुमा ज़िन्दगी की तुम्हीं आस हो।

मेरी नन्ही परी मेरे जीवन में तुम,
प्यार का मुस्कुराहट का इक पर्व हो,
मेरी हर मान्यता को निभाती हुई,
मेरी लाडो मेरा मान हो, गर्व हो,
तुम दिवाली की एक रौशनी हो सुता,
और होली के रंगों से उल्लास हो।
ज़िन्दगी बिन तुम्हारे कहाँ ज़िन्दगी,
खुशनुमा ज़िन्दगी की तुम्हीं आस हो।

सारे नाते जगत के हैं अपनी जगह,
पर तुम्हारी जगह ले न पाया कोई,
स्वर मधुर ही निकलता है इस साज़ से,
प्यार के सुर में जब गीत गाया कोई,
रास हो, ख़ास हो, मेरे विश्वास हो,
मेरी अर्धांगिनी तुम मेरी प्यास हो।
ज़िन्दगी बिन तुम्हारे कहाँ ज़िन्दगी,
खुशनुमा ज़िन्दगी की तुम्हीं आस हो।

आ जाओ एक दीप जला लो...

मेरे अंदर खोट बहुत है,
अपनाना हो तो अपना लो,
दिल का मंदिर सूना-सूना,
आ जाओ एक दीप जला लो।

सच कहता हूँ जीवन भर मैं,
सुर लय ताल समझ ना पाया,
जितना जैसा समझ सका हूँ,
वैसा ही इस कण्ठ से गाया,
गीत और सुन्दर हो जाये,
मेरे सुर से साज मिला लो,
दिल का मंदिर सूना-सूना,
आ जाओ एक दीप जला लो।

मेरी थकन देखकर मंज़िल,
खुद चलकर के पास आ गयी,
भरी दुपहरी में भी ठण्डक,
यही धूप की अदा भा गयी,
पथरीली है डगर तुम्हारी,
गिर ना जाऊँ मुझे सँभालो,
दिल का मंदिर सूना-सूना,
आ जाओ एक दीप जला लो।

कोई कहे मुझको आवारा,
कोई कहे मुझको मनमौजी,
पर नादान रहा जीवन भर,
घूम-घूम कस्तूरी खोजी,
फिर इस जग में खो ना जाऊँ,
अपने अंदर मुझे छुपा लो,
दिल का मंदिर सूना-सूना,
आ जाओ एक दीप जला लो।

किस डे...

आधुनिक 'किस डे' पर मेरा पारम्परिक गीत।

चारों तरफ मुझे दिखता है,
प्रेम प्यार का पूर्ण समर्पण,
प्रणय गीत जैसे दोहरायें,
वृंदावन में राधा-मोहन।

कान्हा का पद रज चुम्बन कर,
यमुना मैया धन्य हो गयीं,
मैंने तुमको इक पल देखा,
तुम जाने किस लोक खो गयीं,
नज़रें इक दूजे को चूमें,
नाच उठे तब मन का आँगन,
चारों तरफ मुझे दिखता है,
वृंदावन में राधा-मोहन।

फूलों की आँखों से काजल,
तितली ले आती चुम्बन से,
कोई नहीं बचा इस जग में,
सुंदरता के आकर्षण से,
झील सरीखी इन आँखों को,
आँखें चूमें ज्यों हों दर्पण,
चारों तरफ मुझे दिखता है,
वृंदावन में राधा-मोहन।

पवन चूमता है धरती को,
धरती चूमे आसमान को,
आसमान चूमे सागर को,
सागर चूमे प्रकृति प्राण को,
वो दुनिया का सबसे निर्धन,
जिसका प्रेम रहित है जीवन,
चारों तरफ मुझे दिखता है,
प्रेम प्यार का पूर्ण समर्पण।

हग डे...

Hug day (आलिंगन दिवस)' पर हमारा विशेष गीत।

इक पल यहाँ, वहाँ दूजे पल,
शायद इसको मन कहते हैं,
सुख का दुःख से है आलिंगन,
लोग इसे जीवन कहते हैं।

फूल बहाते देखे हैं क्या,
आँसू खुद के ही उपवन में,
काँटो से आलिंगन हरदम,
फिर भी शिकन नहीं है मन में,
मुस्काते ही रहना हरदम,
इसको ही तो धन कहते हैं,
सुख का दुःख से है आलिंगन,
लोग इसे जीवन कहते हैं।

तुम धरती, आकास सरीखे,
हम हैं, ये है नियति हमारी,
क्षितिज जहाँ पर-मिल जाती है,
देह हमारी बाँह तुम्हारी,
कोई कुछ भी कहे इसे पर,
हम पावन बंधन कहते हैं,
सुख का दुःख से है आलिंगन,
लोग इसे जीवन कहते हैं।

होंठ हँसी के ठौर बने तो,
आँखें आँसू की थैली हैं,
तुम हो नदिया अब मत सोचो,
सागर की बाँहें फैली हैं,
खो जाओ, मिट जाओ इसको,
जीवन का गायन कहते हैं,
सुख का दुःख से है आलिंगन,
लोग इसे जीवन कहते हैं।

प्रोमिज डे...

'प्रोमिज डे' पर हमारा विशेष गीत।

एक दूजे को माफ़ करेंगे,
ऐसा नेक इरादा कर लें,
खुशियाँ बाँटेंगे आपस में,
आओ दोनों वादा कर लें।

अनजाने में मैंने तुमको,
खूब पता है दर्द दिया है,
तुमने चुप-चुप खूब सहा है,
अपमानों का घूँट पिया है,
जीवन जटिल बनाना छोड़ें,
आओ खुद को सादा कर लें,
खुशियाँ बाँटेंगे आपस में,
आओ दोनों वादा कर लें।

स्वाभिमान को चोट लगे ना,
पूरी होगी कोशिश मेरी,
मैं रूठूँ या तुम रूठोगी,
लेंगे मना किये बिन देरी,
कोई आँच न आने पाये,
मन को एक लबादा कर लें,
खुशियाँ बाँटेंगे आपस में,
आओ दोनों वादा कर लें।

सुख के सब साथी हैं लेकिन,
मैं दुःख में भी साथ रहूँगा,
मैं छाते जैसा बनकर के,
आतप औ' बरसात सहूँगा,
अब तो हम-तुम अन्य दिनों से,
प्यार ज़रा-सा ज़्यादा कर लें,
खुशियाँ बाँटेंगे आपस में,
आओ दोनों वादा कर लें।

टेडी बियर डे...

तुम बिलकुल हो बच्चों जैसी,
कोई कैसे तुम्हें बताये,
ये टेडीबीयर म्यूजिकल,
जो चाहोगे वही सुनाये।

तुम जो हँसे तो ये हँस देगा,
रोये जो तुम तो रो देगा,
सोते वक्त अलग मत करना,
ज़िद्दी है ये संग सोयेगा,
तुम इसको थपकी भर देना,
ये लोरी गा तुम्हें सुलाये,
ये टेडीबीयर म्यूजिकल,
जो चाहोगे वही सुनाये।

तुम इसको बाँहों में भरकर,
इसके गालों पर किस करना,
इसकी नरमी और गरमी में,
मेरी फीलिंग को मिस करना,
मैं भी ये महसूस करूँगा,
जो रह-रह करके याद दिलाये,
ये टेडीबीयर म्यूजिकल,
जो चाहोगे वही सुनाये।

कल की रात जागकर बीती,
रहा सोचता क्या दूँ तुमको,
पूरे दिन जो तुम्हें रिझाये,
और भुला दे सारे ग़म को,
सिर्फ एक ये मिला खिलौना,
तुम इसको ये तुम्हें खिलाये,
ये टेडीबीयर म्यूजिकल,
जो चाहोगे वही सुनाये।

आओ मेरे साथ... (नव वर्ष)

गुनगुनाकर कह रहीं हमसे हवाएँ।
आओ मेरे साथ सपनों को सजायें।

वर्ष भर जो शूल से चुभते रहे हैं,
आओ उनको फूल का उपहार दे दें,
जिस कली ने ज़िन्दगी में महक भर दी,
उस कली की महक को आभार दे दें,
इस महक के फूल गमलों में लगायें,
आओ मेरे साथ सपनों को सजायें।

जिस नदी के जल को उसने छू लिया है,
वो मुझे गंगा-सी पावन लग रही है,
मेरे आँचल में सभी त्योहार होंगे,
एक आशा की किरण-सी जग रही है,
हाथ में ले हाथ सारे ग़म भुलायें
आओ मेरे साथ सपनों को सजायें।

नित नये आयाम के हम शिखर छू लें,
दूर होने की न सोचें हम धरा से,
जिसने हमको कर दिया इतना बड़ा है,
आज भी उनके लिए हों हम ज़रा-से,
सोच के अपने फलक को हम बढ़ायें,
आओ मेरे साथ सपनों को सजायें।

मेरे हाथ जला डाले हैं...

कानों में सीसा घोला है,
होठों पर डाले ताले हैं,
मेरे घर के ही चिराग ने,
मेरे हाथ जला डाले हैं।

खुशियों के पतझर ने मेरे,
गम के मधुबन हरे किये थे,
सच कहता हूँ एक जनम में,
मैने सौ-सौ जन्म जिये थे,
उन रस्तों पर भटक गया मैं,
जो रस्ते थे देखे भाले हैं,
मेरे घर के ही चिराग ने,
मेरे हाथ जला डाले हैं।

शशि ने शीतलता दी मुझको,
ऊर्जित किया सदा ही रवि ने,
समय चक्र के इस दर्पण से,
कभी शिकायत करी न छवि ने,
सपनों के इस ताजमहल में,
अब तो जाले ही जाले हैं,
मेरे घर के ही चिराग ने,
मेरे हाथ जला डाले हैं।

मैंने सदा फूल बाँटे हैं,
शूल बिछे क्यों मेरे पथ में,
प्रेम-पताका लिये हाथ में,
सदा चला कर्मों के रथ में,
शायद पूरे हो जायें जो,
आँखों ने सपने पाले हैं,
मेरे घर के ही चिराग ने,
मेरे हाथ जला डाले हैं।

वे बदले तो मजबूरी है...

तन और मन हैं पास बहुत फिर,
सोच-सोच में क्यों दूरी है,
हम बदले तो कहा बेवफा,
वे बदले तो मजबूरी है।

गंगा के तट बैठ रेत के,
बना-बना के महल गिराये,
उसने हमको, हमने उसको,
जाने कितने सपन दिखाये,
झूठ-मूठ को माँग भरी थी,
हाथ अभी तक सिन्दूरी है,
हम बदले तो कहा बेवफा,
वे बदले तो मजबूरी है।

उपवन-उपवन घूमे फिर भी,
मन की कली नहीं खिल पायी,
जग को सुरभित कर दे अब तक,
ऐसी गंध नहीं मिल पायी,
अब भी मन मृग बना हुआ है,
फिरे ढूँढ़ता कस्तूरी है,
हम बदले तो कहा बेवफा,
वे बदले तो मजबूरी है।

अब लगता है जाग-जागकर,
सपनों के क्यों बोझ उठाये,
मुस्कानों को बेच-बेचकर,
आँसू अपने घर ले आये,
प्रेम तो अब व्यापार बन गया,
तड़पन उसकी मज़दूरी है,
हम बदले तो कहा बेवफा,
वे बदले तो मजबूरी है।

प्रेम अधूरा ही होता है...

उफ़! क्यों धूप नहीं निकली है।
शायद अब तक रूठे हैं वो।

जब भी पढ़ीं किताबें उनके,
पन्ने कभी नहीं मोड़े हैं,
फूल न तोड़े कभी शाख से,
ख़ुशबू लेकर ही छोड़े हैं,
हमने उन्हें स्वयं से जोड़ा,
फिर भी कहते टूटे हैं वो...
उफ़! क्यों धूप नहीं निकली है,
शायद अब तक रूठे हैं वो।

सब खुश रहें इसी खातिर हम,
जीवन भर हर ग़म से खेले,
सब अपने में मस्त रहे पर,
हम मेले में रहे अकेले,
अपना मान जिन्हें थामा था,
फिर भी कहते छूटे हैं वो...
उफ़! क्यों धूप नहीं निकली है,
शायद अब तक रूठे हैं वो।

ऐसा लगता है कुदरत ने,
राग-द्वेष की करी सगाई,
प्रेम अधूरा ही होता है,
जहाँ न हो हर वक्त लड़ाई,
दोनों सच्चे हैं पर कहते,
इक-दूजे से झूठे हैं वो...
उफ़! क्यों धूप नहीं निकली है,
शायद अब तक रूठे हैं वो।

दीवारें ढहने दो...

बीच में दम घुटता हो जिनके।
वो सब दीवारें ढहने दो।

न मैंने कोई ध्यान लगाया,
न कोई भी हुई तपस्या,
इसीलिए जीवन में सारे,
समाधान बन गये समस्या,
मन की मन में रह ना जाये,
इसीलिए वो सब कहने दो,
बीच में दम घुटता हो जिनके,
वो सब दीवारें ढहने दो।

धूप न निकली, कोहरा छाया,
तापमान में कमी हुई है,
पास से देखो इस पर्वत पर,
बर्फ प्यार की जमी हुई है,
छूने भर से पिघल के दरिया,
बन बहता है तो बहने दो,
बीच में दम घुटता हो जिनके,
वो सब दीवारें ढहने दो।

सुनकर मृग आ जायें ऐसी,
मीठी मेरी तान नहीं है,
सब आसानी से मिल जाये,
ये किस्मत धनवान नहीं है,
हो जाऊँ मैं धनी गले में,
तुम इन बाँहों के गहने दो,
बीच में दम घुटता हो जिनके,
वो सब दीवारें ढहने दो।

मन की गाँठों को खोलेंगे...

आज तो खुल के धूप खिली है।
शायद वो हमसे बोलेंगे।

जब भी कोई ख़ुशी मिले तो,
हम खुलकर के हँस देते हैं,
बिना वजह के अपने दिल पर,
कोई बोझ नहीं लेते हैं
मिल जायें वो पास बैठकर,
मन की गाँठों को खोलेंगे,
शायद वो हमसे बोलेंगे।

बहुत दिनों से मेरे मन में,
एक प्रवाह-सा रुका हुआ है,
एक तुला के हम दो पलड़े,
मेरा पलड़ा झुका हुआ है,
कुछ मैं भी हल्का हो जाऊँ,
फिर इस जीवन को तोलेंगे,
शायद वो हमसे बोलेंगे।

चित्र बनाये बहुतेरे पर,
मन के रंग नहीं भर पाया,
ऐसा क्यों लगता है मुझको,
मेरा सही वक्त अब आया,
जागेंगे और रंग भरेंगे,
वक्त बच गया तो सो लेंगे,
शायद वो हमसे बोलेंगे।

दीवारें तक महक उठी हैं...

एक तुम्हारी दस्तक से ही।
दीवारें तक महक उठी हैं।

सुबह गुनगुनी लगती है अब,
और शाम भी लगे सुहानी,
गुमसुम से होठों पर फिर से,
थिरक रही है रात की रानी,
मन की इस सूनी डाली पर,
अनगिन चिड़ियाँ चहक उठी हैं,
एक तुम्हारी दस्तक से ही,
दीवारें तक महक उठी हैं।

उठने लगीं झील में लहरें,
जगने लगे आँख में सपने,
जिन्हें पराया कहता आया,
आज लग रहे हैं वो अपने,
तुम तो इतने पास नहीं हो,
फिर क्यों साँसे दहक उठी है,
एक तुम्हारी दस्तक से ही,
दीवारें तक महक उठी हैं।

धक् से रह जाता है ये दिल,
बीती बातें याद करूँ तो,
कहीं नज़र लग जाये न फिर से,
ये घर फिर आबाद करूँ तो,
जानी-पहचानी मँजिल पर,
फिर भी राहें बहक उठी हैं,
एक तुम्हारी दस्तक से ही,
दीवारें तक महक उठी हैं।

वेलेण्टाइन डे...

बातों में मिश्री घुलती ज्यों,
वैसे मुझमें घुल-मिल जाओ,
खुशबू ही खुशबू भर दूँगा,
देकर के अपना दिल जाओ।

सूरज ज्यों संध्या की गोदी,
में सिर रखकर सो जाता है,
पूरी रात भोर के मीठे,
सपनों में फिर खो जाता है,
कलियाँ चटकीं, हँसीं खिलखिला,
वैसे ही तुम भी खिल जाओ,
खुशबू ही खुशबू भर दूँगा,
देकर के अपना दिल जाओ।

धूप खिले, चँदा छिप जाता,
लिये चाँदनी उसके पीछे,
मैं भी तेरी इन बाँहों में,
छिपा हुआ हूँ आँखें मींचे,
बर्फ गले पानी बन जाये,
मुझमें यूँ हो शामिल जाओ,
खुशबू ही खुशबू भर दूँगा,
देकर के अपना दिल जाओ।

शलभ करे ज्यों प्रीत दीप से,
सरिता प्रीत करे सागर से,
मुझमें अमृत-सा छलका दो,
अपने अधरों की गागर से,
सब कुछ कह दो कुछ ना कहकर,
ऐ अधरो! कुछ पल सिल जाओ,
ख़ुशबू ही ख़ुशबू भर दूँगा,
देकर के अपना दिल जाओ।

जाने कब हो गया सवेरा... (राखी गीत)

दो बूँदें क्या बरसीं नभ से,
डाल दिया यादों ने डेरा,
रात, हाथ में राखी ले ली,
जाने कब हो गया सवेरा।

मैं छोटा तुमसे फिर भी तुम,
मुझसे बहस किया करती थीं,
मुझे सताकर मुझे चिढ़ाकर,
मेरी उम्र जिया करती थीं,
लेकिन जब मैं थक जाता था,
ले लेती थीं बस्ता मेरा,
रात, हाथ में राखी ले ली,
जाने कब हो गया सवेरा।

माँ ने जब भी मुझको पीटा,
तुमने अपनी पीठ लगा ली,
मुझको रोने दिया कभी ना,
आँखें अपनी कर लीं खाली,
मुझे रोशनी दे डाली सब,
रख कर अपने पास अँधेरा,
रात, हाथ में राखी ले ली,
जाने कब हो गया सवेरा।

यादों के वो धान उगे जो,
कुँवर कलेवे पर बोये थे,
जब तुम घर से विदा हुईं तो,
माँ से ज़्यादा हम रोये थे,
गले लगाकर तुम भी बिलखीं,
जब करने आयीं पग फेरा,
रात, हाथ में राखी ले ली,
जाने कब हो गया सवेरा।

जग से जब से विदा हुईं तुम,
फीका-फीका लगता सावन,
यूँ तो बहनें बहुत हैं फिर भी,
तुम बिन रीता मन का आँगन,
मन करता है सभी लुटा दूँ,
जितना मेरे पास उजेरा,
रात, हाथ में राखी ले ली,
जाने कब हो गया सवेरा।

आ रही इक रोशनी है...

लक्ष्य बिलकुल सामने है और प्रत्यंचा तनी है।
उड़ रही है एक चिड़िया आँख उसकी भेदनी है।

आँख का हर एक आँसू,
हर्ष का संकेत देता,
बूँद बारिश की गिरे तो,
झट मरुस्थल सोख लेता,
हर अँधेरे की तरफ से आ रही इक रोशनी है,
उड़ रही है एक चिड़िया आँख उसकी भेदनी है।

युद्ध मे अभिमन्यु बनकर,
मत लड़ाई ठानिए,
व्यूह में घुसकर के कैसे,
है निकलना जानिए,
जीतना है रण अगर तो ये कला भी सीखनी है,
उड़ रही है एक चिड़िया आँख उसकी भेदनी है।

तुम अगर चाहो तो मिट्टी को,
खरा सोना बना दो,
रेत में भी तुम हुनर से,
दूध की नदियाँ बहा दो,
इक नया इतिहास रच दो पास में जब लेखनी है,
उड़ रही है एक चिड़िया आँख उसकी भेदनी है।

आज क्यों रावण के आगे,
राम फिर खामोश हैं,
क्यों समर में एक शक्ति,
से लखन बेहोश हैं,
क्यों नहीं लाते पवनसुत प्राणहित संजीवनी है,
उड़ रही है एक चिड़िया आँख उसकी भेदनी है।

डुबकी अभी अधूरी है...

मत घबरा तुझमें और मंज़िल में थोड़ी-सी दूरी है।
चाहे जितना भी मुश्किल हो पहला कदम ज़रूरी है।

सूरज को मत देख घूरकर,
तुझको अंधा कर देगा,
तेरे जीवन में पूनम की जगह,
अमावस धर देगा,
क्यों भटका फिरता जब तेरे पास एक कस्तूरी है,
चाहे जितना भी मुश्किल हो पहला कदम ज़रूरी है।

तट पर बैठे-बैठे तेरे,
हाथ कहाँ कुछ आयेगा,
रत्न मिलेंगे तुझको जब,
सागर की तह में जायेगा,
कुछ ना आया हाथ समझना डुबकी अभी अधूरी है,
चाहे जितना भी मुश्किल हो पहला कदम ज़रूरी है।

घने तिमिर के जंगल से,
इक दिया अकेला जूझ रहा,
और उजाले में भी तू,
चलने का रस्ता बूझ रहा,
हिम्मत से बढ़ता जा प्यारे सुबह बहुत सिंदूरी है,
चाहे जितना भी मुश्किल हो पहला कदम ज़रूरी है।

पकड़ के उँगली जो हमको,
पैरों चलना सिखलाते हैं,
उनको हम मुश्किल राहों पर,
इकलौता कर जाते हैं,
फ़र्ज़, वफ़ा, रिश्ते भूले सब ये कैसी मजबूरी है,
चाहे जितना भी मुश्किल हो पहला कदम ज़रूरी है।

नाचे पूनम का एक मोर...

रातें कितनी ही लम्बी हों फिर भी होगी भोर।
छिपा हुआ है हर सन्नाटे में प्यारा-सा शोर।

आँसू की जो नदिया,
तेरे पास बहाकर देख,
इसमें मुस्कानों की तू इक,
नाव चलाकर देख,
बहते जाना बहते जाना पवन बहे जिस ओर,
छिपा हुआ है हर सन्नाटे में प्यारा-सा शोर।

मत डर, आने दे पतझर को,
थोड़े दिन की बात,
फिर तो फूलों के संग,
बीतेगी जीवन भर रात,
खुल के जी ले आज भगा दे मन में बैठा चोर,
छिपा हुआ है हर सन्नाटे में प्यारा-सा शोर।

मंज़िल बहुत कठिन है,
फिर भी तू चलना मत छोड़,
जीवन अंकगणित है,
ग़म को घटा, खुशी को जोड़,
नफरत पर बरसा दे बादल प्यार भरे घनघोर,
छिपा हुआ है हर सन्नाटे में प्यारा-सा शोर।

हर असफलता के पीछे इक,
सफल कहानी ढूँढ़,
मरुथल में भी मिल जायेगा,
तुझको पानी ढूँढ़,
हर मावस के पीछे नाचे पूनम का इक मोर,
छिपा हुआ है हर सन्नाटे में प्यारा-सा शोर।

ऐ मेरे प्यारे हिन्द वतन...

हर गीत तुझे अर्पित मेरा ऐ मेरे प्यारे हिन्द वतन।
साँसे तेरी, जीवन तेरा तुझ पर निसार यह तन मन धन।

वो वीर लड़ाकू सैनिक जो,
सीमा पर तनकर बैठे हैं,
अपने दुश्मन को धूल चटा देंगे,
ये प्रण कर बैठे हैं,
ऐ वीरो तुम बेफिक्र रहो,
अपने-अपने परिवारों से,
हम सभी तुम्हारे घर जैसे,
हैं घर के पहरेदारों से,
तुम रखो सुरक्षित सीमाएँ,
हम रखें सुरक्षित यह आँगन,
साँसे तेरी, जीवन तेरा तुझ पर निसार यह तन मन धन।

संघर्षों से आज़ाद हुए,
मुश्किल से हमको मिला वतन,
अक्षुण्ण रहे इसकी संस्कृति,
अक्षुण्य रहे इसका यौवन,
अपने हर इक संसाधन से,
हम नित्य प्रगति का मार्ग गढ़ें,
अपनी मेहनत-मेधा के दम पर,
उन्नति के सोपान चढ़ें,
हमको स्वदेश की चीजों का,
जग में करना है विज्ञापन,
साँसे तेरी, जीवन तेरा तुझ पर निसार यह तन मन धन।

हर बेटी यहाँ बने शिक्षित,
हर नारी यहाँ सुरक्षित हो,
और एक-एक भारत का बालक,
संस्कारों से दक्षित हो,
संकल्प करें इस देवभूमि पर,
कोई ना वृद्धाश्रम दीखे,
हम इतने अच्छे बनें हमारी,
संस्कृति से दुनिया सीखे,
हम जिसके रंग-बिरंगे गुल,
वो अपना भारत है उपवन,
साँसे तेरी, जीवन तेरा तुझ पर निसार यह तन मन धन।

सपनों का एक घर...

जिसको जीवन भर समझा था सपनों का इक घर।
खुली आँख तो पाया- टूटा-फूटा सा खँडहर।

घर के बिलकुल पास समंदर,
खूब गरजता था,
पर देहरी छूने का साहस,
कभी न करता था,
ऊँची-ऊँची लहरें फिर भी नीची रही नज़र,
खुली आँख तो पाया- टूटा-फूटा सा खँडहर।

हर मुँडेर पर हमने गमले,
रखे करीने से,
फूल खिलेंगे यही प्रतीक्षा,
कई महीने से,
धूप-हवा-पानी सब कुछ था, मिला मगर पतझर,
खुली आँख तो पाया- टूटा-फूटा सा खँडहर।

सोचा था एक प्यारी-सी,
अब ग़ज़ल कहेंगे हम,
पर मतला कहने भर में ही,
टूटे सभी वहम,
जितने शेर हुए सबकी ही बिगड़ी हुई बहर,
खुली आँख तो पाया- टूटा-फूटा सा खँडहर।

कड़ी धूप में भाग-भागकर,
रातें काली की,
तब जाकर के इस गुलशन को,
कुछ हरियाली दी,
हल्की-सी आँधी ने सब कर डाला तितर-बितर,
खुली आँख तो पाया- टूटा-फूटा सा खँडहर।

उलटी-पलटी सब तिथियाँ है...

कैसे आयें खुली सड़क पर,
तंग बहुत ब्रज की गलियाँ हैं,
जोग सिखाये कैसे ऊधौ,
सब कान्हा की बाँसुरियाँ हैं।

तम ही तम पसरा है चारों,
ओर ये कैसी पूनम आयी,
अंतर्तम हो गया प्रकाशित,
मावस ने जब लोरी गायी,
ये कैसा पंचांग है जिसमें,
उलटी-पलटी सब तिथियाँ हैं,
जोग सिखाये कैसे ऊधौ,
सब कान्हा की बाँसुरियाँ हैं।

बाहर-भीतर उमस बहुत है,
क्या होगा खिड़की खुलने से,
ना ये गंध सुगंध बनेगी,
एक अगरबत्ती जलने से,
कैसे खिलकर महक बिखेरें,
उत्सुक-सी सारी कलियाँ हैं,
जोग सिखाये कैसे ऊधौ,
सब कान्हा की बाँसुरियाँ हैं।

सब कुछ विधि-विधान है जग में,
कुछ भी अपने हाथ नहीं है,
जिसको हम अपना समझे हैं,
वो भी अपने साथ नहीं है,
कुछ भी इधर-उधर ना होता,
सब निर्धारित गतिविधियाँ हैं,
जोग सिखाये कैसे ऊधौ,
सब कान्हा की बाँसुरियाँ हैं।

पहले तो थककर अपने प्रिय,
की बाँहों में सो लेते थे,
जब-जब मन भारी होता था,
लिपट-लिपट के रो लेते थे,
ना अब आँसू ना ही सपने,
सूखी-सूखी सी अँखियाँ हैं,
जोग सिखाये कैसे ऊधौ,
सब कान्हा की बाँसुरियाँ हैं।

कुछ रंग आवारा बादल से...

रंग-बिरंगे इस जीवन में,
कुछ रंग फीके-कुछ रंग गहरे,
कुछ रंग आवारा बादल से,
कुछ रंगों पर बैठे पहरे।

बचपन में भोलेपन का रंग,
यौवन में जोशीले रंग थे,
प्रौढ़ हुए बेबस रंग छलके,
रंग बुढ़ापे में बेढंग थे,
कुछ रंगों ने आँखें खोलीं,
कुछ रंगों से हो गये बहरे,
कुछ रंग आवारा बादल से,
कुछ रंगों पर बैठे पहरे।

किस्मत ने मेरे आँगन में,
रंग-रंग के रंग दिखाये,
कुछ रंगों ने आँख तरेरी,
कुछ रंगों ने अंग सजाये,
कुछ रंगों ने जल्दी कर दी,
कुछ रंग अंत समय तक ठहरे,
कुछ रंग आवारा बादल से,
कुछ रंगों पर बैठे पहरे।

कर्म भूमि की इस दुनिया में,
श्रम तो सबको करना होगा,
प्रभु तो सिर्फ लकीरें देता,
रंग हमें ही भरना होगा,
जीवन के रूठे पन्नों में,
भरने होंगे रंग सुनहरे,
कुछ रंग आवारा बादल से,
कुछ रंगों पर बैठे पहरे।

हर जनम हम तुम्हारे रहें...

ऐसे रिश्ते हमारे रहें
तुम नदी हम किनारे रहें,
हर जनम तुम हमारे रहो,
हर जनम हम तुम्हारे रहें।

सुरमयी साँझ काजल-सी है,
इसको आँखो में तुम आँज लो,
भोर ऐसे खिली ज्यों कमल,
इसको जूड़े में तुम बाँध लो,
तुम तो पूनम की रातें रहो,
हम चमकते सितारे रहे,
हर जनम तुम हमारे रहो,
हर जनम हम तुम्हारे रहें।

बन सको तुम जो परछाइयाँ,
हम तो तपने को तैयार हैं,
बर्फ़ बनकर अगर मिल सको,
हम तो जलने को तैयार हैं,
झील से दो तुम्हारे नयन,
तैरते हम शिकारे रहें,
हर जनम तुम हमारे रहो,
हर जनम हम तुम्हारे रहें।

हैं बँधे एक-दूजे से हम,
भोर से साँझ, दिन रात से,
जैसे दिल से जुड़ा दर्द है,
वैसे आँसू जड़े आँख से,
मेरा वादा है मैं आऊँगा,
आप रास्ता निहारे रहें,
हर जनम तुम हमारे रहो,
हर जनम हम तुम्हारे रहें।

गर हवा साथ दे दीप का,
रात भर यूँ ही जलता रहे,
दिल भी मिल जायेंगे एक दिन,
हाथ से हाथ मिलता रहे,
तुम नज़र बन के आ जाओ तो,
हम तुम्हारे नज़ारे रहें,
हर जनम तुम हमारे रहो,
हर जनम हम तुम्हारे रहें।

परसों की कहकर...

परसों की कहकर के बरसों न आये,
कैसी ये प्रीत निभायी मुरारी।

जमुना के तट और वंशी के वट पर,
जो रास खेले कहो कैसे भूलें,
सावन का महीना है रिमझिम फुहारें,
झूला बता तेरे बिन कैसे झूलें,
डँसता है मौसम सुहाना ये हमको,
लगती हैं नागिन घटाएँ ये कारी,
परसों की कहकर के बरसों न आये,
कैसी ये प्रीत निभायी मुरारी।

तेरे बिना कौन हमको सुनाये,
प्यारी मधुर-सी मुरलिया यहाँ पर,
गोपाल-गोपाल गैयाँ रँभायें
कान्हा पुकारे है मैया यहाँ पर,
जब से गये हो कर करके यादें,
जमुना भी हो गयी है रो-रो के खारी,
परसों की कहकर के बरसों न आये,
कैसी ये प्रीत निभायी मुरारी।

रस्ता दिखायें...

हम भूल बैठे हैं अपनी डगर को,
हमको भी रस्ता दिखायें गुरुजी,
दर्पण जो धुँधला गया धूल से है,
उसको कृपा कर हटायें गुरुजी।

हम जो हँसेंगे तो घर भी हँसेगा,
संसार सारा ये अपना लगेगा,
रोने जो बैठे अकेले पड़ेंगे,
जो भी मिलेगा वो हम पर हँसेगा,
मेरे हृदय में कलुष ही कलुष है,
दिल से लगाकर मिटायें गुरुजी।

संसार सागर में संकट बहुत हैं,
हम चाहते अब तो इनसे उबरना,
जो भी मिला उसने तोड़ा है हमको,
मंशा है अपनी भी बनना-सँवरना,
टूटे अगर धैर्य का बाँध कोई,
हम सबको धीरज बँधायें गुरुजी।

अंतर का दीपक जो अब तक बुझा है,
जल ना सके बिन कृपा के तुम्हारे,
इस पार से कैसे उस पार जाऊँ,
नैया लगा दो हमारी किनारे,
चरणों में कैसे रहे ध्यान हरदम,
भक्ति की युक्ति बतायें गुरुजी।

माया के जंजाल में फँस गया हूँ,
पकड़ो मेरा हाथ न छूट जाऊँ,
बालक हूँ शिशुवत मेरा आचरण है,
मानें बुरा ना अगर रूठ जाऊँ,
इस जन्म मुझसे निभा तो रहे हो,
हर जन्म यूँ ही निभायें गुरुजी।

हम धरती, तुम आकास...

गुरुजी, हम धरती तुम आकास।
जनम-जनम के चातक से हम तुम ही बुझाते प्यास।

कोई कहे मेरी अप्रिय बानी,
कोई कहे मुझको अज्ञानी,
मेरी बातों में नादानी- है मुझको आभास,
गुरुजी, हम धरती तुम आकास।

पड़ी भँवर में नाव हमारी,
एक नज़र हो जाये तुम्हारी,
मैं भी हो जाऊँ आभारी -दास करे अरदास,
गुरुजी, हम धरती तुम आकास।

मन पर मोह का लेप चढ़ा है,
क्रोध का पहरेदार खड़ा है,
माया लालच भी तगड़ा है- काम बहुत है पास,
गुरुजी, हम धरती तुम आकास।

छोड़ के सब कुछ शरण में आया,
फैला दो अब अपनी माया,
अंधकार में है ये काया - दे दो ज्ञान प्रकास,
गुरुजी, हम धरती तुम आकास।

आँसू का त्योहार किया है...

चुप चुप रहकर, सब कुछ सहकर-
तुमने भी तो प्यार किया है।
डर-डर कर के आँखे भर के -
आँसू का त्योहार किया है।

सोचा तुमको पूनम दे दूँ,
पर तुमने मुँह मोड़ लिया,
घोर अमावस की रातों से,
अपना नाता जोड़ लिया,
तुमने जीवन राज़ कर लिया-
हमने तो अखब़ार किया है,
डर-डर करके आँखे भर के -
आँसू का त्योहार किया है।

पीपल पूजा, बरगद पूजा,
सींची तुलसी आँगन की,
फागुन के मौसम में आँखें,
बनीं सहेली सावन की,
अब तो ये तन मथुरा काशी-
और मन को हरिद्वार किया है,
डर-डर करके आँखें भरके -
आँसू का त्योहार किया है।

इन आँखों ने आसमान में,
संग उड़ने के सपने देखे,
पंख कतर खुश़ होने वाले,
ऐसे हमने अपने देखे,
नींदें लेकर दाना देकर,
पंछी पर उपकार किया है,
डर-डर करके आँखें भरके,
आँसू का त्योहार किया है।

मेरे गीतों में तुमने भी,
अपनी एक झलक देखी है,
इसीलिए उनको सुनने की,
मैंने खास ललक देखी है,
मैं पहले ही मान चुका हूँ,
तुमने अब स्वीकार किया है,
डर-डर करके आँखें भरके,
आँसू का त्योहार किया है।

नाते सभी उधारी के...

कोई किसी का हो या ना हो हम हैं रमण बिहारी के।
नक़दी का बस यही है रिश्ता नाते सभी उधारी के।

कोई दीवाना मोर मुकुट का,
वारी कोई मुरलिया पर,
कोई फ़िदा मुस्कान पे उसके,
कोई साँवरी सूरतिया पर।
सब शैदा हैं मोहक छवि पर हम अँखियन कज़रारी के,
कोई किसी का हो या ना हो हम हैं रमण बिहारी के।

आँखें सबकी इक जैसी पर,
अपने-अपने सपने हैं,
सबकी अलग-अलग है ढपली,
राग भी अपने-अपने हैं।
कोई गाये राग भैरवी -अपने स्वर दरबारी के,
कोई किसी का हो या ना हो हम हैं रमण बिहारी के।

रमन बिहारी रास रचाते,
तुम तो बस वृंदावन में,
हम स्वर-व्यंजन पढ़ते रहते हैं,
शब्दों के आलिंगन में।
तुम यशुदा के नंदन हो हम- सुत शारद महतारी के,
कोई किसी का हो या ना हो हम हैं रमण बिहारी के।

कोई तन का दास यहाँ पर,
कोई मन का दास यहाँ,
कोई धन की करे नोकरी,
घूम रहा है जहाँ-तहाँ।
हम जिन चरनन के चाकर हैं-वे वृषभानु दुलारी के,
कोई किसी का हो या ना हो हम हैं रमण बिहारी के।

खुले पलक तो मथुरा दीखे,
बंद करूँ तो वृंदावन,
जागूँ तो रमणूँ बरसाना,
सोऊँ तो घूमूँ गोवर्धन।
इच्छा है हर पल दर्शन हो राधे और गिरधारी के,
कोई किसी का हो या ना हो हम हैं रमण बिहारी के।

इस करवट है लोभ का घेरा,
मोह का घेरा उस करवट,
गर्व खड़ा है सीना ताने,
उलट दिया है घूँघट पट।
वंशी की धुन से कट जायें बंधन दुनियादारी के,
कोई किसी का हो या ना हो हम हैं रमण बिहारी के।

जब से तुमसे यारी की...

जय जय रमण बिहारी की,
गोवर्धन गिरधारी की,
सब चिन्ताएँ दूर हैं जब से तुम से यारी की।

जब-जब कोई मुश्किल आयी,
तेरा ही नाम पुकारा,
रिश्तों की दीवार गिरी तो,
तुम ही बने सहारा,
तुम ही खेवनहार रहे हो नाव हमारी की,
जय जय रमण बिहारी की।

मथुरा, वृंदावन, गोकुल,
गोवर्धन या बरसाना,
इनके साथ-साथ तू मेरे,
दिल में बना ठिकाना,
अपने सँग छवि लेकर आना राधे प्यारी की,
जय जय रमण बिहारी की।

अधरों पर मुस्कान और,
मादक अँखियाँ कजरारी,
मनमोहन की मोहक छवि पर,
तन-मन अपना वारी,
तेरे दर पर सुधि ना रहती दुनियादारी की,
जय जय रमण बिहारी की।

ज़िंदगी-ज़िंदगी हो गयी...

फ़ोन पर बात जब से हुई,
ज़िंदगी ज़िंदगी हो गयी,
दिल की बगिया जो वीरान थी,
एकदम से हरी हो गयी।

उम्र भर तैरते ही रहे,
पर न कोई किनारा मिला,
यूँ तो काँधे मिले थे बहुत,
पर ना कोई सहारा मिला।
जिस्म की सब थकन मिट गयी,
ऐसी क्या जादूगरी हो गयी,
फ़ोन पर बात जब से हुई,
ज़िंदगी ज़िंदगी हो गयी।

तेरा मन मुझको मथुरा लगा,
वृंदावन-सा ये तन का भवन,
सोच गोकुल के जैसी लगी,
गंगा-जमुना से दोनों नयन।
आचमन को अधर ज्यों बढ़े,
तू मेरी बाँसुरी हो गयी,
फ़ोन पर बात जब से हुई,
ज़िंदगी ज़िंदगी हो गयी।

जाने कितने ही पनघट गया,
प्यास मेरी रही जस की तस,
ना तो सरिता से शिकवा कोई,
ना ही सागर से कोई बहस।
आज बातों की मीठी छुअन,
तृप्ति की गागरी हो गयी,
फ़ोन पर बात जब से हुई,
ज़िंदगी ज़िंदगी हो गयी।

आज बगिया में जब मैं गया,
शूल सब मुस्कुराने लगे,
मेरे स्वागत में भँवरे सभी,
झूमकर गीत गाने लगे।
इक कली मुझसे ऐसे मिली,
पाँखुरी पाँखुरी हो गयी,
फ़ोन पर बात जब से हुई,
ज़िंदगी ज़िंदगी हो गयी।

दिल में मत आग लगा...

दिल में मत आग लगा,
दिल में मत आग लगा,
मेरा दामन सफ़ेद है,
न इसमें दाग़ लगा।

बस्ती बस्ती मैं घूमा हूँ,
अपनी मस्ती में झूमा हूँ,
जाने कितने तूफ़ाँ जाये,
पर इस लौ को बुझा न पाये,
इस ज़मीं पर न उम्मीदों के कोई बाग़ लगा,
दिल में मत आग लगा,
दिल में मत आग लगा।

जिसको हमने प्यार किया है,
उस पर तन मन वार दिया है,
जो भी मद में चूर रहे हैं,
उनसे सदा हम दूर रहे हैं,
ये दिल की बात है तू इसमें मत दिमाग़ लगा,
दिल में मत आग लगा,
दिल में मत आग लगा।

जाने कितनी कलियाँ देखीं,
रंगों की रँगरलियाँ देखीं,
फूल से कोमल तन देखे हैं,
भोले-भाले मन देखे हैं,
मैं हूँ चंदन तू इसपे चाहे जितने नाग लगा,
दिल में मत आग लगा,
दिल में मत आग लगा।

हमसे जितने यहाँ बड़े हैं,
प्रेम के सारे गणित पढ़े हैं,
इक और इक जब जुड़ मिलते हैं,
दिल के गुलशन तब खिलते हैं,
न घटा कर, न गुणा कर, न इसमें भाग लगा,
दिल में मत आग लगा,
दिल में मत आग लगा।

वन्दे मातरम्...

धमनियों में रक्त की आवाज़ वन्देमातरम्।
देशहित जो कर सकूँ वो काज वन्देमातरम्।

मान है अभिमान भी है,
राष्ट्र के गणतंत्र पर,
है अटल विश्वास मुझको,
एकता के मंत्र पर,
नफ़रतों के दौर में भी,
प्रीत के मोती चुनें,
भाव चुन-चुन रात-दिन,
बस गीत ही मैंने बुने,
मेरे हर इक गीत का है साज वंदेमातरम्,
देशहित जो कर सकूँ वो काज वन्देमातरम्।

अब हवा नफ़रत की,
बदलेगी पुराने रास्ते,
थाम ली बंदूक़ सेना ने,
अमन के वास्ते,
हैं वतन के पेड़ की,
मज़बूत सारी डालियाँ,
हर तरफ़ से सरहदों की,
हो रही रखवालियाँ,
भून देंगे सब तरफ़ जाँबाज़ वंदेमातरम्,
देशहित जो कर सकूँ वो काज वन्देमातरम्।

नफ़रतों के खेल में,
चालें कोई कैसी चले,
हमने अपने दुश्मनों,
को भी लगाया है गले,
पीठ के पीछे कभी भी,
वार हम करते नहीं,
कोई भी तूफ़ान आ जाये,
तो हम डरते नहीं,
अपना सबसे है अलग अन्दाज़ वंदेमातरम्,
देशहित जो कर सकूँ वो काज वन्देमातरम्।

नया करें तो अच्छा है...

नये साल के द्वार की साँकल कुछ यूँ खटकायें,
जितने भी सपने सोये हों सारे जग जायें,
खाली केनवास में भी,
कुछ रंग भरें तो अच्छा हो,
दिल में ले उत्साह नया,
कुछ नया करें तो अच्छा हो।

जहाँ-जहाँ पर मावस हो सूरज की नयी किरण पहुँचे,
नभ में उड़ते मेघों तक धरती का आलिंगन पहुँचे,
दुःख का भीषण गर्जन हो,
पर धीर धरें तो अच्छा हो,
दिल में ले उत्साह नया,
कुछ नया करें तो अच्छा हो।

बजे चैन की वंशी उसमें घुली हुई शहनाई हो,
ऐसी छेड़ो ग़ज़ल अभी तक नहीं किसी ने गायी हो,
प्यासे कानों में रस की,
दो बूँद झरें तो अच्छा हो,
दिल में ले उत्साह नया,
कुछ नया करें तो अच्छा हो।

अपनों के यूँ हाथ थाम लें साथ कभी फिर छूटे ना,
दिल-दर्पण या मूरत कोई भूले से भी टूटे ना,
जीवन के हाथों से कलियाँ,
ना बिखरें तो अच्छा हो,
दिल में ले उत्साह नया,
कुछ नया करें तो अच्छा हो।

गुम क्यों है?

प्यार है तो प्यार का एहसास गुम क्यों है।
तुम अगर हो पास तो आभास गुम क्यों है।

फूल खिलते हैं मगर,
उनकी महक कम हो गयी,
स्वप्न पलकों पर सजे,
फिर आँख क्यों नम हो गयी,
दिल धड़कता दिख रहा पर श्वास गुम क्यों है,
प्यार है तो प्यार का एहसास गुम क्यों है।

प्यार की सरिता भला,
क्यों झील जैसी हो गयी,
हर लहर चंचल थी उसकी,
जो कहीं पर खो गयी,
तृप्ति नयनों में, अधर की प्यास गुम क्यों है,
प्यार है तो प्यार का एहसास गुम क्यों है।

नाचते थे बादलों के मोर,
छत पर कल तलक,
आज सावन क्यों नहीं लाता
पुरानी सी कसक,
हास है, परिहास है, उल्लास गुम क्यों है,
प्यार है तो प्यार का एहसास गुम क्यों है।

मेरे प्यारे हिन्द वतन...

हर गीत तुझे अर्पित मेरा, ऐ मेरे प्यारे हिंद वतन।
साँसें तेरी, जीवन तेरा, तुझ पर निसार यह तन-मन-धन।

वो वीर लड़ाकू सैनिक जो,
सीमा पर तनकर बैठे हैं,
अपने दुश्मन को धूल चटा
देंगे, ये प्रण कर बैठे हैं,
ऐ वीरों तुम बेफ़िक्र रहो,
अपने-अपने परिवारों से,
हम सभी तुम्हारे घर जैसे,
हैं घर के पहरेदारों से,
तुम रखो सुरक्षित सीमाएँ-हम रखें सुरक्षित यह आँगन,
हर गीत तुझे अर्पित मेरा, ऐ मेरे प्यारे हिंद वतन।

संघर्षों से आज़ाद हुए,
मुश्किल से हमको मिला वतन,
अक्षुण्य रहे इसकी संस्कृति
अक्षुण्य रहे इसका यौवन,
अपने हर इक संसाधन से,
हम नित्य प्रगति का मार्ग गढ़ें,
अपनी मेहनत-मेधा के दम
पर, उन्नति के सोपान चढ़ें
हमको स्वदेश की चीज़ों का जग में करना है विज्ञापन,
हर गीत तुझे अर्पित मेरा, ऐ मेरे प्यारे हिंद वतन।

हर बेटी यहाँ बने शिक्षित,
हर नारी यहाँ सुरक्षित हो,
और, भारत का एक-एक बालक,
संस्कारों से दिक्षित हो,
संकल्प करें इस देवभूमि पर,
कोई न वृद्ध आश्रम दीखे,
हम इतने अच्छे बनें हमारी,
संस्कृति से दुनिया सीखे,
हम जिसके रंग-बिरंगे गुल वो अपना भारत है उपवन,
हर गीत तुझे अर्पित मेरा, ऐ मेरे प्यारे हिंद वतन।

आ तेरी तस्वीर बना दूँ...

दिल का केनवास खाली है आ तेरी तस्वीर बना दूँ।
कायनात में जितने रंग हैं उन रंगों से तुझे सज़ा दूँ।

लाल, हरे, नीले और पीले,
चटख रंग आँखों में चुभते,
कुछ चेहरे पर ऐसे लगते,
जैसे दीपक जलते-बुझते,
दुःख के गीले रंग सूखेंगे- आ सुख की मैं हवा चला दूँ,
दिल का केनवास खाली है आ तेरी तस्वीर बना दूँ।

मुझसे ही कुछ मिलती-जुलती,
है तेरी भी प्रेम कहानी,
जैसा रंग गगन का दिखता,
वैसा ही सागर का पानी,
रंग छिपे जितने सूरज में- उन सबकी चूनर पहना दूँ,
दिल का केनवास खाली है आ तेरी तस्वीर बना दूँ।

रंग बहुत गाढ़े हैं फिर भी,
रोओगे तो धुल जायेंगे,
कितने भी गुमसम रह लो पर,
हँस दोगे सब खिल जायेंगे,
पूजा हो स्वीकार मेरी तो मन-मंदिर में तुझे बिठा लूँ,
दिल का केनवास खाली है आ तेरी तस्वीर बना दूँ।

नीला आसमान...

मैं खोलूँ खिड़कियों को,
और छू लूँ उचककर ...नीला आसमान,
अब तोडूँ बंदिशें सब,
और जी लूँ बारिशों में ... गीला आसमान।

आँखों से आँख छूकर,
आ उड़ चलें हवा में,
साँसों से साँस मिलकर,
चंदन घुले हवा में,
थोड़ा-सा प्यार पी लें,
चल लड़खड़ा के ज़ी लें...नीला आसमान।

मिश्री-सी घोलता सा,
ये कौन गा रहा है,
तूफ़ान की तरह से,
ये कौन आ रहा है,
बेखौफ़ नाम लेता,
कसकर के थाम लेता.. नीला आसमान।

चल झील के किनारे,
बैठें बितायें कुछ पल,
जल को बनायें दर्पण,
लहरों की बाँध पायल,
सूरज भी ढल रहा है,
आँखों में पल रहा है... नीला आसमान।

रख इक़ तरफ़ मोबाइल,
जब से किया इधर रुख,
इस फ़ेस के सामने,
बेकार है फ़ेसबुक,
हाथों में हाथ लेकर,
देखा है मैंने अक्सर... नीला आसमान।

www.ingramcontent.com/pod-product-compliance
Ingram Content Group UK Ltd.
Pitfield, Milton Keynes, MK11 3LW, UK
UKHW042015190726
13854UKWH00005B/2297

9 789388 556637